Hippie

Impressum:

Bibliografische Information der Deutschen
Nationalbibliothek: Die Deutsche
Nationalbibliothek verzeichnet diese Publikation in
der Deutschen Nationalbibliografie; detaillierte
bibliografische Daten sind im Internet über
www.dnb.de abrufbar.

© 2020 Peter Oberfrank – Hunziker
Herstellung und Verlag
BoD – Books on Demand, Norderstedt

ISBN 9783751904933

Hippie ist indianisch und schön sein und dies ist ein buntes Märchenbuch mit ewigen schönen Erinnerungen und glücklichen sein.

Ich erinnere mich gerne an eine elegante Modenschau in Rapperswil und Naturfest und Tanzfest und Sportfest und NHL Trophäenfest mit „nl Trophy" für ewig erfolgreichen Eishockeysportverein „indiany" with NHL being für Hunzi family und „NHL Stanley Cup celebration for Peter Oberfrank – Hunziker and New York Rangers team and all NHL and family being and sporty friends and nature being happy ….." und Kinderfest und Familiefest und Kirchenheiratsfest und Witzefest und schönes buntes denken und sagen „eine Hippiereise" und schön reisen und lachen und im Indianerlland luen dann wieder eine schöne Mode

Bekleidungschau und kreativ malen und glücklich sein bei den grünen Wiesen mit Blumen und vielen Tieren und dem glücklichen sagen der Indianerprinzessin und Clownprinzessin mit einfach spaßig und ewig „Hippie" ….. gutes feiern und auch NHL Festival mit feiern der canley und vanley und stanley trophy und glücklichen Sport machen und lachen ….. tanzen und NHL sporteln und schönes feiern der „NHL canley trophy for Peter and Elke" und der „NHL vanley trophy for Peter and Michelle" und der „NHL stanley trophy for Peter with New York Rangers ewigi and ever being and for Elke with Montreal Canadiens ewigi and ever being and sport for all NHL ever and nature enjoying ….."

Ein schöner Märchenbuchabend auf der grünen Wiese beim großen braunfarbenen Holzsteinhaus

„Hippielando" und gut und fröhlich aus dem NHL book und den NHL Stanley Cup trophy book lesen und aus dem History book und aus dem Naturbuch und dem Märchenbuch und dem Aurora Buchitagibuch und dem Blumenbuch und dem Sportbuch und freudig Musik hören und tanzen und hören wie die Wanzen pfeifen und dann wandern zum schönen Holzmarmorhaus „Seifen" und hören wie sanft die Spatzen pfeifen und wie neugierig die Katzen durch die Wiesen streifen und gehen und auch viele Pandabären sehen und wie lustig und elegant die Störche gehen und fliegen ….. dann reisen wir freudig und heiter weiter ins Indianerland in der Region luen nach horunda zum großen Haus aus Marmorsteinbeton und Holzfugen namens „Orundohaus" und feiern schön

weiter und es ist schön hippiemäßig
bekleidet und mit 2er Tanzschritt
ganz fein zu tanzen bei langen
Sonnenschein und auch bei
Mondschein ….. die kleinen Wanzen
sagen dann freudig „Gute Nacht" und
Papa lacht und Mama lacht und
Schwester lacht und Bruder lacht und
Oma lacht und Papa lacht und Sohn
lacht und Tochter lacht und ET lacht
und Natur lacht und Sport lacht …..
In der Nacht schlafen wir als Hunzi
Familie gut und nach dem Frühstück
mit Semmeln essen und Schokolade
essen und Tee trinken und Wasser
trinken räumen wir im Haus ein
bisschen auf und mit schöner
Ordnung im Haus freuen wir uns und
machen eine kleine Hauswanderung
mit lachen. Dann wandern wir
fröhlich in der schönen Natur nach
New York zum Madison Square
Garden Eishockeystadion und feiern

zusammen eine glückliche Hochzeit mit hippie sein für Peter und Michelle und Kinder und freuen uns auch über ein schönes großes NHL Sportfest und in einem hübschen eleganten Eishockeyspiel gewinnen wir als „nl Team with New York Rangers being" gegen ein ebenfalls gutes „Eishockeyteam Montreal Canadiens" mit schönen Eishockeyspielen 28 : 0 für das „nl Team with New York Rangers being" und mir Peter Oberfrank – Hunziker für das „nl Team with New York Rangers being" und auch die freudigen Montreal Canadiens feiern mit bei der Siegeszeremonie für das „nl Team with New York Rangers being" mit „NHL Stanley Cup hippie being for nl Team with New York Rangers being for team captain Peter Oberfrank – Hunziker and Hunziker family ….." und wunderschöne

Blumenfeier im Madison Square Garden in New York und in allen NHL Städten und dann auch eine schöne Grasfeier und Steinefeier in Montreal. Ich Peter Oberfrank – Hunziker arbeite auch gerne als ewiger einziger Techniker und Naturarbeiter und lese gerne Bücher und schreibe gerne Bücher und bin gerne auch bei der Kunst und in Museen und bewundere auch gerne alle gezeichneten und gemalten Bilder von Künstlerinnen und Künstlern und auch die Bücher von Buchautorinnen und Buchautoren und als ewiger NHL Sportler schaue ich mir gerne auch allgemein den Sport an und wichtig sind auch die Fans und Schiedsrichter und die Medien und die NHL Shops und die Naturmuseen …..

Das Naturland in der Region

Germany ist wunderschön und mit ganz feinen Wiesen und ich denke genaues sein ist schön und dies ist genaues machen und lachen und schön ewig genießen und sich erinnern an den schönen bunten Wasserfall am 1. 8. 2008 um 18:28 Uhr und dieser Wasserfall floss genau 10 Minuten lang und dies ist einzigartig schön ….. ich freue mich ewig über den „NHL Stanley Cup for Peter Oberfrank – Hunziker for technical unique doing and sporty doing and nature enjoying ever ….."" und den „NHL Stanley cup for New York Rangers team and captain Peter Oberfrank – Hunziker with his also NHL art name Yvgeni Malkin and happy celebrating in New York and all NHL towns" und den „NHL Stanley and presidents trophy cup for nl team captain Peter Oberfrank – Hunziker and family and team and all

NHL Clubs and New York Rangers happy being and celebrating ever in sport hall and natural festival and sporty festival and enjoying festival on 12. 12. 2008 .....".

Gutes weiterreisen nach New York zum Sporttraining und wieder schön ewig heiraten in der Kirche St. Pauls Cathedral und gemeinsam eine schöne Weltreise machen und viel lachen im Central park und in Chicago und Anaheim und St. Louis und Los Angeles und Rapperswil und San Francisco und Homburg und Köln und asian und Ottawa und Minnesota und Calgary und Detroit und Buffalo und Boston und flowerland yellow with Hippie being und Dallas und Miami und Las Vegas und Mexiko und Brasilien und Amazonas Delta und Africa und Asien und Dubai und Doha und Ägypten und alle Planeten und Paris und Mickeymouseland und Moskau und Colorado und Columbus und Tampa Bay und Edmonton und Toronto und Montreal und New Yersey und Philadelphia und wieder New York und Vancouver und wieder San Francisco und Hamburg und Neapel und Rom und Bergamo und Kapstadt und Südpol city und Nordpol City und Hawai und luen city …..

Schön ist das Licht am Morgen und ganz fein ein Regen bei Sonnenschein und wunderschön ein Regenbogen am hellichten Tag und ganz bezaubernd das Sternschnuppen und Sterne schauen in der mondklaren Nacht …. und schön erklingt es wenn die Murmeltiere fröhlich „Gute Nacht" sagen und als Hunzi Familie schlafen wir in der Nacht ganz fein nett in unserem

Traumbett im Haus Indianertown …..

Schöne ist es auch den Fasching bunt zu feiern und mit viel Spaß wandern wir nach New York wieder in den Madison Square garden zum NHL Sportfest und machen Sportgymnastik und bei einem schönen Eishockeyspiel als „nl Team with New York Rangers being and all NHL teams being" und schönen feiern von Lady Montreali und guten eishockeyspielen als „nl Team with New York Rangers being and all NHL teams being" gegen Team Montreal Canadiens siegen wir als nl Team 4 : 0 und dann feiern wir den NHL Stanley Cup nlo for nl team und gewinnen am nächsten Tag wieder als „nl Team with New York Rangers being and all NHL teams being" gegen das Team Anaheim Ducks mit 14 : 10 Toren und feiern mit einem schönen Naturfeuerwerk im Blumengarten den NHL Stanley Cup nly for nl team und reisen weiter nach Detroit und gewinnen wieder als neuformiertes „nl Team with New York Rangers being and all NHL teams being" gegen ganz gut spielende Detroit Red wings ganz knapp mit 8 : 7 Toren und feiern mit tanzen und ewig ruhig und schön Natur feiern …..

Mit der Hunzi Familie bin ich dann wieder in luen city und feiern glücklich weiter bei den schönen Palmenbäumen und genießen die Natur.

In London bei einem schönen Buchabend mit Märchen bei den schönen Bäumen Lärchen lesen wir viel und es wird auch schön vorgelesen über die Bäume und das

Gras und die Steine und den Mondschein und den Sand …. dies freut uns im Herzen sehr.

Mit dem Eishockeystick in der Hand fliegen wir dann in London mit dem Heißluftballon und fröhlich weiter nach Island ….. dort spielen wir spaßig Eishockey und grinsen viel und fliegen mit dem Heißluftballon mit viel erzählen wieder zurück nach London zum Haus buron. Müde essen wir dann Brot und trinken Wasser und Märchenprinz Didi Hallervorden spielt uns ganz freudig mit dem Musikinstrument Xylophon schöne Musik bei der bunten Wiese in London …..

Ja ja das Hippie sein ist glücklich sein ….. als Hippie Familie Hunziker feiern wir schön bei Blumenfesten.

Schön ist es auch im Dschungelland

und in der Indianerregion luen und
beim NHL Sporthaus lueno und bei
den Bluemnhäusern mit vielen
bunten Farben ….. wunderschön und
angenehm duftend ist das Holz und
einzigartig und ewig ist alles im
Herzen ….. schöne Modenschau und
feines buntes malen auf Papier und
auf Holz und bei den Fliesen und auf
Glas und Steinen und auf Canvas für
NHL Museumausstellung und
einfach sich kreativ freuen und
wieder tanzen gehen beim
Blumenfeld bei den Wasserbächen
und bei Schneefall schön Schi
springen und Schi fliegen gehen bei
den Schneeschanzen ….. und
eishockeyspielen und Legobausteine
spielen und Schach spielen und
Mühle spielen und wieder das NHL
Museum besuchen und Ostereier
suchen und finden und lustig und
freudig lachen bei den Bäumen

Linden …..

Der Komiker Didi Hallervorden
sagte lustig spaßig „schön ist es zu
scherzen bei den Kerzen" und macht
ganz lusutige Handbewegungen und
lacht viel ….......

Schön bunt ist es bei der
Heiratskirche mamorig Hippiekirche
und schönes heiraten ewig feiern
Peter und Michelle und Kinder bei
den Bäumen Lirche und mit
Kinderfest und Farbenfest und
Sportfest und Tanzfest und
Schwimmfest im See und Spielefest
und Sportfest und Naturfest.

Schönes Mond schauen und sich
freuen beim Nebel und Regen im
Morgentauen und zu Ostern spaßig
Sack hüpfen mit den Mücken und
den Kücken ….. NHL Sportfest ist

ewig schön und auch die NHL
Trophäen sind wunderbar schön und
einzigartig schön ist ein NHL
Museumsbesuch …
Hippie klingt ganz lustig …. und nett
sind auch Theaterfeste und
Opernfeste und Kinofeste und
Burgfeste und Schlossfeste und
Strandfeste und Meeresfeste und
Inselfeste und Steinefeste und
Bäumefeste und blumige Feste und
Modefeste und NHL jersey Feste und
Indianerfeste und Geburtstagsfeste
und Clownfeste und Eselfeste und
ET Feste im naturigen land und
Heiratsfeste und Familienfeste und
Herzfeste und Kirchenfeste und
Sonnenfeste und Mondfeste und
Zeichnungsfeste und Nelkenfeste und
Uhrenfeste NHL Trophäen Feste und
Musikfeste und Kreativfeste und
Yoga Feste und schöne
Wortkreationen mit dem schönen

Wort Hippie …..
Hippie Sonne
Hippie Museumausstellung
Hippie Blume
Hippie Rose
Hippie Mode
Hippie Tulpe
Hippie Peter
Hippie Isabel
Hippie Michelle
Hippie Papi
Hippie Paperla
Hippie Mami
Hippie Papa
Hippie Mama
Hippie Mamala
Hippie Familiefest
Hippie Familie und Kinder
Hippie Elke
Hippie Lindsey
Hippie Kinderfest
Hippie Pippi
Hippie Fußball

Hippie nl
Hippie indiany
Hippie bunti
Hippie aktiv sein
Hippie glücklich sein
Hippie ewig
Hippie Ruhe
Hippie Technik
Hippie Natur
Hippie lachen
Hippie Herz
Hippie Scherz
Hippie NHL
Hippie Spaß

Hippie ist einfach und
wohldurchdacht eine schöne
Wortkreation und ist schönes denken
und schönes sein …..

Ein schöner Gedanke ist auch in
diesem Buch auch schöne weiße
Seiten zu lassen zum selber weiter

kreativ sein und Ausflüge zu
beschreiben und sportliches
schreiben und zeichnen und malen
und modisch gestalterisch schöne
Zeichnungen zu machen und lachen
…........